CHARLES DUPUY

Instruction populaire
de l'École
au Régiment

Livret de Colonisation

Opuscule du Maître
Développement des Sujets de Rédaction

Armand COLIN & Cⁱᵉ
ÉDITEURS

des Tableaux muraux CHARLES DUPUY
1° Tableau de Morale ; 2° Tableau d'Instruction civique ;
3° Tableau d'Histoire.

Instruction populaire

de l'École au Régiment

PUBLIÉE SOUS LA DIRECTION DE

CHARLES DUPUY

Agrégé de l'Université, Ancien inspecteur d'Académie, Vice-recteur honoraire,
Ancien ministre de l'Instruction publique, Député de la Haute-Loire.

Livret de Colonisation

Par M. Joseph CHAILLEY-BERT

Opuscule du Maître

Développement des sujets de rédaction.

ARMAND COLIN ET Cie, ÉDITEURS

5, RUE DE MÉZIÈRES, PARIS

1896

Tous droits réservés.

AVIS

Nous avons publié, sous le titre caractéristique « l'**Année du Certificat d'études** », une série de Livrets d'Instruction et d'Éducation auxquels le public a fait le plus encourageant accueil.

Nous avons décidé de donner à cette publication une suite, un complément, qui constituera une seconde série de livrets, sous ce titre non moins significatif que celui de la première série : « **Instruction populaire de l'École au Régiment.** »

Nous avons grand souci de cet intervalle, presque aussi long que la période légale de la fréquentation scolaire, qui va de la sortie de l'école à l'entrée au régiment. C'est une longue étape, au cours de laquelle l'adolescent peut perdre ou compléter le bagage scolaire de l'enfant.

Nous voulons l'aider à le compléter. C'est pourquoi nous avons établi nos livrets de la seconde série sur le même plan, d'après la même méthode que nos livrets de la première série. Le champ est plus vaste ; mais les notions sont aussi précises, aussi nettes que celles que nous plaçons, dans la première série, sous les yeux de l'écolier.

Nous sommes resté fidèle à la méthode par questions et par réponses, que nous nous faisons honneur d'avoir restaurée dans l'enseignement primaire et qui obtient chaque jour de nouvelles et précieuses adhésions.

Nous nous proposons, à l'aide de nos *livrets* et des recueils ou *opuscules* de rédactions qui les accompagnent, de parcourir la série des connaissances usuelles indispensables à l'homme et au citoyen.

CHARLES DUPUY.

LIVRET DE COLONISATION
(Opuscule du Maître).

1. — Les rentes sur l'État et l'agriculture
(Élève, p. 3).

SOMMAIRE. — **1.** L'État est parfois obligé d'emprunter. — **2.** Les rentes sont l'intérêt de l'argent emprunté par l'État. — **3.** Avantage pour l'agriculture que les rentes soient chères.

Développement. — **1.** L'État a des dépenses ordinaires et des dépenses extraordinaires. Entretenir les routes, payer les fonctionnaires, voilà des dépenses ordinaires. Faire la guerre, construire un chemin de fer, voilà des dépenses extraordinaires. Les dépenses ordinaires, l'État les paie avec les recettes ordinaires : les *impôts*. Les dépenses extraordinaires, il les paie avec les recettes extraordinaires : les *emprunts*.

2. Pour emprunter, l'État fait savoir qu'il a besoin, par exemple, de 1 milliard à 3 p. 100. Cela veut dire qu'on lui versera *tout de suite* 1 milliard en argent et que, lui, paiera à ceux qui lui prêtent leur argent, *chaque année*, l'intérêt d'un milliard à 3 p. 100, soit 30 millions. Si je souscris à cet emprunt 100 000 francs de capital, l'État me paiera un intérêt annuel de 3 000 francs. Cet intérêt constitue des *rentes sur l'État*.

3. Mon droit à toucher chaque année 3 000 francs d'intérêt, de rentes, est inscrit sur un papier que l'État me remet. Ce papier s'appelle un titre de rentes. Ce titre, plus tard, je puis le vendre. Si l'acheteur a confiance en l'État, il m'en donnera au moins 100 000 francs, et peut-être même davantage, par exemple 105 ou 110 000 francs. On dit alors que le prix de la rente a monté, que la rente est chère. Quand elle est chère, il arrive souvent qu'au lieu d'acheter de la rente, celui qui a de l'argent préfère acheter de la terre. La rente lui rapporterait 3 p. 100; la terre, s'il la cultive bien, lui en rapportera 4 ou 5. Ainsi quand la rente *monte*, le capital se détourne vers d'autres affaires et notamment vers l'agriculture.

2. — Les machines agricoles (Élève, p. 3).

SOMMAIRE. — 1. Les machines agissent sur la terre ou sur les récoltes. — 2. Elles remplacent le travail de l'homme. — 3. Elles sont une économie. — 4. Elles ne fonctionnent que par intermittence. — 5. Elles sont utiles surtout dans les grandes propriétés.

Développement. — 1. Les machines agricoles sont de deux sortes : les unes servent à donner des façons à la terre (charrue, rouleau, herse); les autres servent soit à préparer les récoltes (semeuse), soit à les rassembler (faucheuse, faneuse, moissonneuse), soit à les rendre présentables pour la vente (batteuse).

2. Chaque machine remplace le travail de plusieurs hommes. Une charrue remplace 8 à 10 hommes munis de pioches ou de bêches; une moissonneuse, 5 hommes munis de faux. Ainsi, avec les machines, le même nombre d'hommes peut cultiver une bien plus grande étendue de terrain.

3. Les machines constituent une grande économie. Pour battre 4 000 gerbes de blé au fléau, cela coûte environ 600 francs; pour les battre à la machine, cela n'en coûte que 160. On a calculé que si les semailles se faisaient toutes au semoir au lieu de se faire *à la volée*, on économiserait pour toute la France 5 à 6 millions d'hectolitres de blé, c'est-à-dire près de la moitié de ce qu'on emploie chaque année pour les semailles, et que l'on aurait de plus belles récoltes.

4. Mais ces machines coûtent cher. Elles sont exposées à toutes les intempéries des saisons. De plus, elles ne peuvent pas, comme les machines de l'industrie, travailler toute l'année ni dans tous les terrains. Sauf les charrues, les machines agricoles ne servent que quelques jours par an : la faneuse, lors de la fenaison ; la moissonneuse, au temps de la moisson.

5. Aussi elles ne sont utiles que dans les grandes propriétés. Les moyens et les petits propriétaires n'auraient intérêt à les employer qu'en s'associant. C'est à quoi l'on est déjà arrivé et ce qu'on fera de plus en plus sous l'influence des syndicats agricoles.

3. — La terre en France et le crédit ; la terre aux colonies

(Élève, p. 3).

SOMMAIRE. — **1.** La terre coûte cher. — **2.** Son prix excessif est dû à la passion déraisonnable des cultivateurs pour la terre. — **3.** Il vaudrait mieux louer la terre d'autrui et garder son argent pour bien cultiver. — **4.** La terre aux colonies et les cultivateurs qui n'ont pas beaucoup d'argent.

Développement. — **1.** En France, l'hectare de terre vaut en moyenne 1 700 francs ; il a même valu davantage. En 1815, il ne valait que 600 francs. Si avec 600 francs, en 1815, on avait, au lieu de terre, acheté de la rente sur l'État, on n'aurait encore aujourd'hui que 600 francs. Au contraire, depuis 1815, la valeur de la terre a presque triplé : c'est exagéré.

2. Le prix excessif de la terre est dû à ce que tout cultivateur veut être propriétaire de la terre qu'il cultive ; il en achète à n'importe quel prix et même à crédit. S'il achète à crédit, il doit payer chaque année l'intérêt du prix à 5 p. 100. Les années où la récolte manque, il ne peut plus payer ; son vendeur le poursuit : c'est la ruine.

3. Même le cultivateur qui a de l'argent à lui ne devrait pas quand même et à tout prix acheter de la terre. Il ferait mieux le plus souvent de louer les terres d'autrui. Son argent alors lui servirait à les bien cultiver. Avec des engrais mieux choisis et plus abondants, des façons plus fréquentes et mieux données, la récolte serait meilleure et, son loyer payé, il lui resterait davantage.

4. Mais les cultivateurs qui n'ont pas beaucoup d'argent, c'est-à-dire qui n'en ont pas assez pour acheter de la terre et pouvoir ensuite la bien cultiver, feraient mieux, au lieu de s'obstiner à rester en France, de s'en aller aux colonies. Ils y trouveraient en abondance de la terre que, suivant les cas, on leur vendra ou louera à très bon compte, si même on ne la leur donne en concession gratuite.

4. — Les liens de l'émigrant avec la mère patrie
(Élève, p. 4).

SOMMAIRE. — **1.** La colonie est une seconde patrie. — **2.** Parfois, pour des causes diverses, les colonies se séparent de la métropole. — **3.** Mais les liens d'intérêt et d'affection subsistent toujours.

Développement. — **1.** Notre patrie est la France. Mais une colonie que la France a conquise et qu'elle gouverne et que des Français habitent, c'est encore la France. Le colon, même si de fréquents voyages le ramènent au pays natal, finit par aimer sa colonie comme une autre patrie.

2. Les États-Unis sont une ancienne colonie de l'Angleterre. Le Canada est une ancienne colonie de la France. Les États-Unis se sont, à la fin du siècle dernier, révoltés contre leur métropole qui les traitait peu équitablement. Quant au Canada, il a été enlevé à la France après la guerre de Sept ans, par le traité de Paris (1763). Les liens politiques d'autrefois sont donc rompus.

3. Mais les liens d'intérêt et d'affection subsistent. Les États-Unis, nation aujourd'hui indépendante, continuent à faire avec l'Angleterre plus de commerce qu'avec tout autre peuple. Et les Franco-Canadiens, quoique sujets anglais, conservent un pieux et tendre souvenir à la France et s'efforcent de développer leurs affaires avec elle.

5. — L'émigration. — Les agences d'émigration
(Élève, p. 6).

SOMMAIRE. — **1.** La population n'est pas uniformément distribuée sur terre : il y a des pays sans habitants et des pays qui en regorgent. — **2.** L'émigration tend à rétablir l'équilibre. — **3.** Il y a des personnes qui ont intérêt à provoquer et à diriger l'émigration. — **4.** Les Français doivent émigrer dans les colonies françaises.

Développement. — **1.** Les hommes n'ont pas découvert tout de suite ni peuplé uniformément toute la terre. Ils se sont fixés dans les régions qu'ils connaissaient le mieux et qui leur offraient le plus d'avantages, et ils s'y sont multipliés jusqu'à devenir trop nombreux. Les autres régions, qui leur étaient inconnues ou leur semblaient peu attrayantes, sont demeurées peu peuplées. Il en résulte qu'il y a des pays où l'excès de population ferait penser que c'est tous les jours la foire et d'autres où la rareté d'habitants rappelle la solitude des déserts.

2. Le but de l'émigration est d'attirer dans les pays peu peuplés la population des pays trop peuplés. Les émigrants vont cultiver les terres de leur patrie nouvelle et vendre les marchandises de leur patrie ancienne : c'est un bienfait pour toutes les deux.

3. A l'heure actuelle, plus d'une colonie cherche à recruter des émigrants qui viendraient cultiver leurs terres. Elles s'adressent pour cela aux agences d'émigration organisées dans les pays les plus peuplés et leur promettent une somme d'argent (par exemple 50 francs) pour chaque émigrant qu'elles leur procurent.

4. Nos colonies ont presque toutes besoin d'émigrants. En France, d'autre part, beaucoup de citoyens souhaitent d'aller s'établir en un pays où ils trouvent à meilleur compte de la terre à cultiver. Qu'ils ne s'adressent pas aux agences d'émigration et n'émigrent pas à l'étranger; qu'ils aillent cultiver et enrichir nos colonies : le gouvernement les aidera à leurs débuts.

6. — Conquête de l'Algérie (Élève, p. 8).

SOMMAIRE. — 1. Les États barbaresques. — 2. Ils gênèrent longtemps la navigation de la Méditerranée. — 3. L'Europe tenta de les punir et de les réduire. — 4. La France conquit l'Algérie en 1830.

Développement. — 1. On appelait autrefois États barbaresques ou Barbarie ce qu'on appelle aujourd'hui : Maroc, Algérie, Tunisie, Tripolitaine. Ils étaient censés obéir au sultan de Constantinople; en fait, ils étaient, sauf la Tripolitaine, des pays indépendants et gouvernés par des chefs souverains qu'on nommait au Maroc le sultan, en Algérie le dey, en Tunisie le bey.

2. Dans ces pays, les habitants des côtes de la Méditerranée étaient d'insignes pirates. Ils avaient horreur du travail régulier. Ils couraient les mers, enlevaient les équipages chrétiens, les emmenaient en esclavage et les contraignaient aux plus dures besognes. Les histoires d'enlèvements et de reconnaissances d'enfants qu'on lit, par exemple, dans Molière, sont venues de là.

3. L'Europe, à diverses reprises, tenta de les châtier. Charles-Quint notamment fit, en Algérie, une descente demeurée célèbre. C'est seulement en 1830 que la France entreprit une expédition décisive. Insultée par le dey, à qui elle demandait réparation d'une offense, elle envoya

une flotte et une armée chargées de s'emparer de ce nid de forbans.

4. La guerre fut longue. Les Arabes étaient courageux et se donnèrent des chefs admirables, notamment l'émir Abd-El-Kader. Mais nous avions de bons généraux : Bugeaud, Lamoricière, Changarnier, Mac-Mahon. Nous en vînmes à bout, et aujourd'hui nous possédons toute l'Algérie, jusqu'à 1 000 kilomètres de la Méditerranée.

7. — Conquête du Tonkin (Élève, p. 8).

SOMMAIRE. — **1.** Le Tonkin est voisin de la Chine. — **2.** La Chine offre de vastes débouchés aux produits d'Europe. — **3.** Le fleuve Rouge fournit la voie la plus courte vers les provinces du sud de la Chine. — **4.** Les étapes de la conquête.

Développement. — **1.** Le Tonkin est une partie de l'Indo-Chine française; il est contigu à trois des provinces méridionales de la Chine : le Kwang-Tung, le Kwang-Si et le Yunnan. Ces trois provinces renferment environ 40 millions d'habitants.

2. Quarante millions d'acheteurs de plus seraient une riche aubaine pour l'industrie et le commerce de la France. Aussi de bons Français songèrent-ils à procurer à la France cette superbe clientèle.

3. Malheureusement la Chine se défie des étrangers : elle ne leur permet pas volontiers d'aller s'établir à l'intérieur. Il fallut donc chercher un moyen de s'approcher, sans sa permission, des limites de certaines de ses provinces. Ce moyen, on le trouva dans le fleuve Rouge, qui, du golfe du Tonkin, conduit jusqu'à la frontière du Yunnan.

4. En 1874, M. Dupuis, un audacieux marchand, qui venait de traverser toute la Chine, signala à la France cette route commerciale, et un lieutenant de vaisseau, Francis Garnier, autorisé par son chef l'amiral Dupré, conquit le Tonkin en quelques jours, comme, trois siècles auparavant, Cortez avait conquis le Mexique. Mais un traité absurde le restitua au roi d'Annam. Il fallut recommencer. En 1885, l'amiral Courbet soumit le Tonkin et l'année suivante, M. Paul Bert, premier résident général, l'organisa.

8. — Dupleix (Élève, p. 10).

SOMMAIRE. — 1. Dupleix, sa naissance, sa famille. — 2. Sa carrière aux Indes. — 3. Son ambition pour la France. — 4. Sa politique avec les indigènes. — 5. Résultats.

Développement. — 1. Dupleix naquit à Landrecies (Nord) le 1er janvier 1697. Il montra de bonne heure des dispositions admirables pour les sciences et les arts. Son père, riche financier, s'en inquiéta et, pour le préparer au commerce, le fit voyager en Amérique et en Hindoustan. Plus tard, il le fit entrer dans la Compagnie des Indes.

2. En moins de vingt années, Dupleix arriva au grade suprême de gouverneur général de la Compagnie. Il imagina de nouvelles méthodes commerciales et enrichit la Compagnie et lui-même.

3. Mais il rêvait davantage. Il voulait faire de l'Inde une possession française. Les Anglais, de leur côté, entendaient la conquérir. Ils étaient établis à Madras comme nous l'étions à Pondichéry.

4. Pour les combattre, Dupleix imagina de s'allier aux indigènes. D'une part, il forma des bataillons d'Hindous, commandés par des Français. D'autre part, toutes ses conquêtes, il les faisait administrer par des princes indigènes, que ses agents contrôlaient. Ce système politique devint ce qu'on appela le *protectorat*. C'est celui qu'ont plus tard imité les Anglais et qui leur a valu la domination de l'Inde presque tout entière.

5. Car Dupleix ne put réussir dans sa grandiose entreprise. Rappelé comme traître par la Compagnie et par le roi Louis XV qui n'avaient rien compris à ses desseins, il mourut

de misère et de chagrin le 10 novembre 1764. Ses anciens adversaires les Anglais, pour honorer sa mémoire, ont placé son buste sur une des places de Calcutta.

9. — La révolte de Haïti : Toussaint-Louverture
(Élève, p. 10).

SOMMAIRE. — **1.** Haïti ; sa richesse. — **2.** Suppression de l'esclavage par l'Assemblée législative (1790) ; l'insurrection. — **3.** Toussaint-Louverture. — **4.** Émancipation de l'île.

Développement. — **1.** Haïti, que nous avions conquis sur les Espagnols, était la plus importante et la plus fertile de nos colonies des Antilles. Nantes et Bordeaux, les deux ports les plus proches, faisaient avec elle des affaires énormes en café, sucre, rhum, etc.

2. Cela dura plus d'un siècle. En 1790, l'Assemblée législative ayant aboli l'esclavage et appelé noirs et mulâtres à la qualité de citoyens, les blancs de l'île résistèrent à la loi; les noirs s'insurgèrent; une guerre terrible éclata, durant laquelle l'île fut saccagée et les Français plusieurs fois battus.

3. A ce moment, surgit d'entre les noirs un homme d'une admirable intelligence : Toussaint-Louverture (1743-1803). Habile général, fin politique, tantôt allié et tantôt ennemi des Français, il proclama l'indépendance de Haïti et s'en fit nommer chef suprême.

4. Cela dura quelques années. Bonaparte, premier consul, envoya toute une armée sous les ordres du général Leclerc, son beau-frère, pour rétablir la domination de la France. Leclerc fut battu. Mais, par surprise et trahison, on s'empara de Toussaint-Louverture, qui fut envoyé en France. Bonaparte le traita sans générosité et l'envoya en prison au fort de Joux, près de Besançon. Il y mourut au bout de peu de temps. Mais son œuvre était accomplie : Haïti était et demeura indépendante, à jamais perdue pour la France.

10. — La perte du Canada. — Montcalm
(Élève, p. 10).

SOMMAIRE. — **1.** Le Canada, français depuis François Ier. — **2.** L'Angleterre et la France en Amérique. — **3.** Montcalm ; sa politique avec les Indiens. — **4.** Sa lutte contre les Anglais ; sa mort. — **5.** Traité de Paris ; perte du Canada.

Développement. — **1.** Le Canada fut découvert par un Vénitien, Sébastien Cabot ; mais, depuis François Ier, il fut exploré et colonisé par des Français, comme Jacques Cartier, Cavelier de la Salle et l'intendant Talon.

2. L'Amérique du Nord, au dix-huitième siècle, était partagée entre l'Angleterre et la France. Les Français occupaient le Canada et la Louisiane ; les Anglais, ce qui plus tard devait constituer les États-Unis. Anglais et Français toutefois se tenaient sur les bords de l'Atlantique.

3. Pendant la guerre de Sept ans, les deux nations se combattirent en Europe et en Amérique, notamment au Canada (1756). Notre petite armée était commandée par le marquis de Montcalm, héros et politique comparable à Dupleix. Comme lui, il sut s'allier aux indigènes pour combattre les Anglais.

4. Pendant trois années, presque abandonné par la France, il lutta heureusement, avec ses quelques milliers de soldats-laboureurs, contre les 40 ou 50 000 réguliers d'Abercromby et de Wolf. Finalement il périt sous les murs de Québec (septembre 1759).

5. Ses admirables lieutenants Lévis, Bourlamaque, continuèrent la lutte. Au bout de trois ans, ils durent s'arrêter. Le roi lui-même leur en donna l'ordre. La paix de Paris (1763) abandonnait aux Anglais cette terre du Canada, française depuis près de deux siècles, que peuplaient déjà 60 000 de nos compatriotes.

11. — L'émigration française sous l'ancien régime
(Élève, p. 10).

SOMMAIRE. — 1. Genre de personnes qui conviennent aux colonies. — 2. Difficultés pour ce genre de personnes de se faire une situation en France sous l'ancien régime. — 3. Chances d'avenir aux colonies. — 4. Faveurs accordées par le roi à ceux qui émigraient.

Développement. — 1. Nous connaissons tous de ces gens aventureux et indisciplinés, à qui la vie régulière ne va pas. Ils ne peuvent se plier aux habitudes de la société. On les appelle des originaux, des mauvaises têtes: ce sont ces hommes-là qui, suivant l'époque à laquelle ils vivent, découvrent et explorent les terres, conquièrent les royaumes, peuplent et exploitent les colonies.

.2. Sous Louis XIV, époque où la colonisation française fut le plus active, ces sortes de gens n'avaient plus rien à gagner à rester en France. Les terres étaient toutes occupées; les charges passaient du père au fils; les fonctions publiques se donnaient aux courtisans.

3. Ils ne pouvaient réussir qu'aux colonies et ils devaient y réussir mieux que les autres. Là, en effet, s'ouvrirait pour eux une carrière d'aventures où leur audace et leur initiative pouvaient leur valoir les honneurs et la fortune.

4. A ces *pionniers*, toutefois, le roi, s'il voulait solidement fonder notre empire colonial, devait s'efforcer de joindre d'autres colons et il n'y manqua pas. Pour déterminer ses sujets à émigrer et à aller coloniser, il offrait à chaque classe de la nation ce qui était le plus propre à la déterminer : la noblesse aurait le droit de faire le commerce sans déroger; les roturiers seraient anoblis à de certaines conditions; les célibataires pourraient se marier plus facilement et plus vite, etc., etc. Tous ces avantages, annoncés le dimanche, en chaire, par le curé de chaque paroisse, eurent pour effet d'attirer dans nos colonies beaucoup d'hommes de condition et de mérite.

12. — Les Franco-Canadiens (Élève, p. 10 et 21).

SOMMAIRE. — 1. Les émigrants au Canada : Bretons et Normands. — 2. Leurs occupations professionnelles. — 3. Le patriotisme et la religion. — 4. Les Franco-Canadiens.

Développement. — 1. Dans l'ancien temps, c'étaient toujours les provinces maritimes qui fournissaient le plus d'émigrants aux colonies. Pour le Canada, ces provinces furent surtout la Normandie et la Bretagne.

2. Leurs populations étaient alors presque exclusivement agricoles : elles cultivaient du blé et élevaient du bétail.

Et ce furent là pendant longtemps les occupations des Français au Canada.

3. Les Français du Canada étaient de bons chrétiens et d'ardents patriotes. Forcés de combattre les Anglais, ils redoublaient d'amour pour la France et, comme les Anglais étaient protestants, de zèle pour la foi catholique.

4. Aujourd'hui le Canada est à l'Angleterre. Mais nos anciennes provinces, celle de Québec, par exemple, sont peuplées d'une immense majorité de descendants de nos colons. On les appelle des Franco-Canadiens. Ils sont plus de 2 000 000. Ils respectent la domination anglaise ; mais, au fond de leur cœur, ils vénèrent leur ancienne patrie et parlent toujours notre langue. En 1870, beaucoup d'entre eux sont venus se battre avec nous contre les Allemands.

13. — La colonisation sous l'ancien régime
(Élève, p. 10).

SOMMAIRE. — 1. Importance attachée alors aux possessions territoriales. — 2. Les grands États d'Europe une fois constitués. — 3. On ne pouvait plus s'étendre que par la colonisation.

Développement. — 1. Le paysan aime passionnément la terre ; il ne rêve qu'une chose : étendre son domaine, ajouter un arpent à un arpent. De même nos rois sous l'ancien régime. Ils ne rêvaient que conquêtes : ajouter une province à une province.

2. Tant que dura le régime féodal, leur passion put se satisfaire en Europe même. Ils trouvaient en face d'eux, soit en France, soit à l'étranger, des seigneurs petits ou grands, relativement faciles à réduire et à dépouiller. Mais cela changea quand une fois la France eut atteint ses limites et que l'Europe fut constituée.

3. Il y eut en face du roi de France un roi d'Espagne, un empereur d'Autriche, un roi de Prusse, etc. Alors la guerre devint hasardeuse, et les profits de la guerre devinrent médiocres. Aussi nos rois, sans toutefois négliger, loin de là, la politique européenne, songèrent-ils à chercher des extensions de territoire hors d'Europe : ce fut l'origine de notre domaine colonial.

14. — L'émancipation des nègres (Élève, p. 10).

SOMMAIRE. — **1.** Les travailleurs nègres dans nos anciennes colonies. — **2.** Les durs traitements des planteurs. — **3.** L'émancipation des nègres. — **4.** Les conséquences.

Développement. — **1.** Les Français, dans les régions tropicales, ne peuvent guère travailler de leurs mains. Quand ils s'établirent dans nos anciennes colonies, Réunion, Guadeloupe, Martinique, Guyane, ils n'y trouvèrent que très peu d'indigènes; ils durent aller en Afrique recruter des travailleurs nègres. Ces nègres achetés étaient leur propriété, leurs esclaves.

2. Parmi les *planteurs* (c'est ainsi qu'on appelait les colons) il y en avait de bons et d'humains, qui aimaient leurs esclaves et s'en faisaient aimer. Malheureusement, d'autres se montraient cruels. De là des haines terribles, des meurtres et des insurrections.

3. Ces excès de certains planteurs, divulgués en Europe

par les voyageurs et les écrivains, indignaient l'opinion. Aussi, en France, sous la Révolution, une des premières réformes fut d'abolir l'esclavage. Cinquante ans plus tard, en 1848, la deuxième République confirma cette réforme. Les nègres furent proclamés libres et citoyens français.

4. Cette émancipation des nègres fut certes un acte d'humanité. Mais elle eut deux conséquences très fâcheuses : 1° Elle éleva à la dignité de citoyens des hommes incapables d'en remplir les devoirs ; 2° elle priva nos colonies de travailleurs difficiles à remplacer.

15. — Madagascar ou la France orientale
(Élève, p. 8).

SOMMAIRE. — 1. L'île de Madagascar. — 2. Occupation par les Français au xviiᵉ siècle. — 3. Les droits de la France. — . Les prétentions des Hovas. — 5. La dernière expédition de la France.

Développement. — 1. Madagascar est une île. Son climat, au moins sur les hauts plateaux, permettrait aux Européens d'y vivre et d'y travailler. Sa situation, en face de l'Afrique orientale, rappelle un peu celle de l'Angleterre en face du continent européen.

2. Aussi la France a-t-elle toujours attaché une extrême importance à la possession de Madagascar. Ce sont les Portugais qui l'ont découverte au seizième siècle ; mais ce sont les Français qui, les premiers, l'ont occupée au milieu du dix-septième siècle, au temps de Louis XIII, sous le ministère de Richelieu.

3. Depuis cette époque, jamais ils n'ont renoncé à leurs droits. Même sous Louis XV, même sous la Révolution, ils y ont maintenu leur drapeau. Aussi, en 1815, l'Angleterre qui s'était, durant les guerres du premier Empire, emparée de la plupart de nos colonies, dut-elle nous rendre Madagascar.

4. Mais elle chercha à nous y susciter des difficultés. Madagascar est habitée par plusieurs tribus différentes. L'une d'elles, celle des Hovas, fut encouragée par un gouverneur de Maurice, colonie anglaise voisine de Madagascar, à contester nos droits et à étendre sa domination sur les autres tribus.

5. Les Hovas, profitant de notre inattention, y réussirent en partie. Mais ils devinrent si arrogants que la France ne put tolérer leur attitude. Une première fois, en 1884, elle dut bombarder leurs côtes et occuper leur capitale. Une seconde fois, en 1895, elle s'empara de l'île entière et y institua définitivement son protectorat.

16. — Les Nouvelles-Frances (Élève, p. 10).

SOMMAIRE. — **1.** Les colonies étaient inhabitées, il fallait les peupler. — **2.** Notions incomplètes sur les climats des colonies. — **3.** Le plan de Richelieu et de Louis XIV. — **4.** Les *Nouvelles-Frances* ; ce qu'elles devaient être. — **5.** Échec de ce plan.

Développement. — **1.** Les pays où nos premiers colons s'établirent étaient en général très peu peuplés. Aussi fallut-il bientôt songer à y introduire des habitants. Nos rois, tout naturellement, cherchèrent à recruter ces habitants parmi les Français.

2. A cette époque, on connaissait assez mal les climats de nos colonies. On savait bien qu'ils différaient du nôtre et qu'il y fallait prendre certaines précautions. Mais on espérait que les Français pourraient y vivre, y travailler, y prospérer, s'y multiplier.

3. Cela étant, les vastes territoires qui composaient nos futures colonies apparaissaient à Richelieu et à Louis XIV comme de *Nouvelles-Frances*, comparables à l'ancienne, et qui devaient être, comme elle, peuplées de nombreux sujets français.

4. Cette pensée se devine bien dans les noms qu'ils donnèrent à nos colonies d'alors. Ils appelèrent, en effet, le Canada, Nouvelle-France; Madagascar, la France orientale; la Guyane, la France occidentale, etc.

5. Leur plan ne réussit qu'à demi : d'une part, le climat tropical de certaines colonies n'y permit pas le développement espéré de la race française et, d'autre part, les étrangers, à la suite d'un siècle de guerres, nous enlevèrent les rares colonies où les Français avaient pu s'acclimater.

17. — Les colonies de peuplement et les colonies d'exploitation (Élève, p. 10 et 15).

SOMMAIRE. — **1.** Les territoires colonisables au début de nos entreprises coloniales. — **2.** Les pays colonisables au XIXᵉ siècle. — **3.** Différences entre les colonies résultant de ces conditions opposées.

Développement. — **1.** Pendant le seizième et le dix-septième siècle, lorsque la France entreprit de fonder des colonies, elle trouva dans le monde d'immenses espaces disponibles : pas ou peu de population indigène, presque toutes les terres libres, et, sur divers points, des climats excellents pour l'Européen. Tels furent, par exemple, la Louisiane et le Canada.

2. Au contraire, au dix-neuvième siècle, quand la France voulut reprendre la politique coloniale, tous les territoires colonisables étaient occupés. Il ne lui restait plus qu'une ressource : occuper des pays même peuplés et civiliser des hommes au lieu de cultiver des territoires.

3. Cette différence dans les origines entraîna des différences capitales dans l'œuvre coloniale des deux époques. Sous l'ancien régime, les plus importants d'entre les territoires à coloniser étant dépeuplés et d'ailleurs salubres, il n'y avait qu'à les peupler de Français : de là, leur nom de *colonies de peuplement.*

Au contraire, durant le dix-neuvième siècle, les pays colonisables, étant déjà fort peuplés, n'avaient pas besoin d'habitants. Mais comme les populations indigènes étaient pauvres et arriérées, il fallait leur apporter nos capitaux, notre science et nos méthodes, et, par eux et avec eux, exploiter les ressources de leur pays : de là, leur nom de *colonies d'exploitation.*

18. — Les cyclones (Élève, p. 13).

SOMMAIRE. — 1. Les tempêtes des régions tropicales ; les cyclones. — 2. Leurs effets. — 3. La prévision des cyclones. — 4. Les moyens pour les navires d'y échapper.

Développement. — 1. Sous des influences qu'on ne connaît encore qu'imparfaitement, les régions tropicales sont exposées à des tempêtes subites et terribles. La plus terrible de toutes est celle qu'on appelle cyclone. La forme du cyclone rappelle cet entonnoir que fait l'eau quand elle s'écoule d'un vase par un trou placé au fond. Une immense colonne s'élève au-dessus de la mer ou du sol et, sous l'action du vent, se déplace avec une effrayante rapidité.

2. Les cyclones brisent tout sur leur passage. Les navires à l'ancre sont engloutis. Des maisons énormes sont détruites ; des pierres, des masses extrêmement lourdes enlevées à des kilomètres. Quant aux récoltes, il n'en reste plus trace.

3. Lorsque, dans ces régions, on voit le baromètre baisser d'une manière soudaine et profonde, on doit s'attendre au cyclone. Tout le monde alors prend ses précautions. Les habitants se réfugient où ils peuvent dans l'intérieur des terres : le danger les menace partout.

4. Quant aux marins, s'ils sont près de terre, ils gagnent le large. Toute leur tactique doit être de fuir le centre d'attraction du cyclone. On dit qu'on a pu parfois rompre la colonne d'eau du cyclone en tirant le canon. Peut-être n'est-ce là qu'une légende.

19. — Le climat des régions tropicales
(Élève, p. 12 à 15).

SOMMAIRE. — 1. Les saisons. — 2. Les pluies. — 3. Le soleil.

Développement. — 1. Dans les régions tropicales, on ne retrouve pas les quatre saisons que nous connaissons en Europe. Il n'y a, à vrai dire, que deux saisons : une saison chaude et une saison fraîche ; et même, sur beaucoup de points, comme il fait chaud toute l'année, ce qui différencie les deux saisons, ce n'est point la température, c'est la présence ou l'absence des pluies.

2. La pluie ne tombe pas en toute saison, d'une façon intermittente, comme nous la voyons tomber en Europe. Elle tombe d'une façon à peu près continue pendant une période ordinairement de deux ou trois mois et même davantage : c'est ce qu'on appelle la saison des pluies ; puis, elle cesse presque absolument de tomber pendant le reste de l'année : c'est alors la saison sèche.

3. L'action du soleil est, dans ces régions, vive et dangereuse. Les rayons frappant la tête soit directement, soit même après avoir été réfléchis, déterminent souvent une maladie appelée insolation, qui cause des douleurs intolérables et risque de déterminer la mort. Aussi le colon doit-il prendre contre le soleil des précautions particulières qui font partie de ce que l'on appelle l' « hygiène coloniale ».

20. — L'alimentation aux colonies (Élève, p. 15).

SOMMAIRE. — 1. Le climat des colonies exige une alimentation particulière. — 2. L'alimentation européenne n'est pas ce qui convient absolument. — 3. Il faut emprunter certains aliments aux indigènes de la colonie.

Développement. — 1. Nos colonies appartiennent toutes à une autre climat que la France ; les pluies y ont un autre régime, le soleil une action plus intense; la nourriture du colon ne saurait donc être absolument la même que la nourriture de l'Européen.

2. Nos climats d'Europe sont des climats tempérés ou même froids. La viande et l'alcool sont, on l'a dit souvent, du charbon que l'on introduit dans la machine. Aux colonies, la machine humaine n'a pas à être aussi fortement chauffée qu'en Europe. On n'y a donc pas besoin d'autant de viande ni de graisse; on ne doit y consommer que très peu d'alcool.

3. L'alimentation du colon doit être un mélange de ce qu'on mange en Europe et de ce que mangent les indigènes. Un peu de vin, un peu de viande, mais en quantité modérée; des œufs, du laitage, des légumes verts, du riz, etc.

De plus, les repas doivent, autant que possible, avoir lieu à des heures régulières.

21. — **L'hygiène coloniale** (Élève, p. 12 et 15).

SOMMAIRE. — **1.** L'hygiène européenne et l'hygiène coloniale. — **2.** Les dangers : l'humidité, le soleil. — **3.** Le logement. — **4.** Le vêtement.

Développement. — **1.** Les règles d'hygiène appliquées en Europe sont généralement aussi applicables aux colonies et doivent y être encore plus strictement suivies. Aux colonies comme en Europe, il faut être sobre et prudent, se garder des refroidissements, etc. Mais les colonies, dont le climat est si différent de celui d'Europe, imposent encore d'autres règles d'hygiène.

2. Les dangers les plus à redouter aux colonies sont l'action de l'humidité et l'action du soleil. Le soleil, frappant directement ou par réflexion, donne la fièvre et l'insolation; l'humidité et le froid donnent la fièvre et la dysenterie. Contre ces deux dangers, on peut se protéger par des précautions dans le logement et dans le vêtement.

3. Le logement doit être surélevé de quelques mètres au-dessus du sol pour échapper à l'humidité ; il doit être couvert de toits à fortes saillies et, si c'est possible, entouré de larges vérandas, pour se garder du soleil ; enfin, percé de nombreuses ouvertures, pour permettre une aération et une ventilation parfaites. Les murs seront peints ou crépis en blanc pour empêcher l'absorption de la chaleur.

4. Dans ces pays chauds, le vêtement, en laine par les temps de pluie, en coton par les temps de sécheresse, doit être léger. Mais, en tout temps, il est prudent de porter de la flanelle, pour pomper la transpiration et éviter les refroidissements, et un casque de liège ou de moelle de sureau, à longue visière devant et derrière, pour empêcher l'action des rayons du soleil.

22. — Les *sanatoria* (Élève, p. 14).

Sommaire. — **1.** L'étymologie du mot *sanatorium*. — **2.** Deux sens de ce mot. — **3.** L'utilité des *sanatoria*.

Développement. — **1.** Le mot *sanatorium* vient du verbe latin *sanare*, guérir. Il signifierait donc : endroit où l'on se guérit quand on est malade. Avec ce sens, le mot *sanatorium* conviendrait à n'importe quel hôpital. Aussi beaucoup de personnes, au lieu de *sanatorium*, emploient *sanitarium*, mot qui voudrait dire : lieu où l'on se maintient en bonne santé, où l'on se garde des maladies.

2. En pratique, le mot *sanatorium* a bien les deux sens que nous venons d'indiquer : il signifie d'abord, endroit où les personnes déjà malades viennent chercher la santé, et aussi endroit où les personnes encore en bonne santé, mais qui craignent de s'affaiblir, viennent chercher une provision de santé nouvelle.

3. Dans les colonies tropicales, la chaleur continue fait perdre l'appétit, diminue les forces. Dès que cet état de faiblesse se déclare, des troubles graves surviennent; pour se guérir, il conviendrait de revenir en Europe. Comme le voyage est long et coûteux, on a imaginé de créer dans les colonies mêmes, sur les hauts plateaux, au flanc et jusque sur le sommet des montagnes, où l'air est plus pur et plus vif, des *sanatoria* dans lesquels se rendent : 1° les personnes déjà malades qui ont besoin de se guérir ; 2° les personnes non encore malades, mais qui redoutent de le devenir.

La dimension des *sanatoria* est très variable : parfois ce n'est qu'un hôpital; d'autres fois, près de l'hôpital, se trouvent des hôtels et des villas; quelquefois même ce sont de véritables villes.

23. — La vie des Anglais dans l'Inde. — Simla
(Élève, p. 14).

SOMMAIRE. — **1.** Le climat de l'Inde. — **2.** Le temps de service des fonctionnaires anglais. — **3.** Les *sanatoria* de l'Inde. — **4.** L'émigration estivale à Simla.

Développement. — **1.** L'Inde a deux saisons très tranchées : l'été et l'hiver. Ceux qui ne l'ont vue que l'hiver, fraîche et verdoyante, n'imaginent pas la terre torride et desséchée qu'elle est pendant l'été. Le tempérament des Européens résiste difficilement à de pareilles chaleurs.

2. L'Inde ne renferme pas beaucoup de colons européens. Elle n'est pas une colonie de peuplement; elle est une colonie d'exploitation. En dehors des soldats, on n'y compte pas plus de 40 000 Anglais, colons et fonctionnaires.

Les fonctionnaires ne sont, sauf le cas de maladie, autorisés à rentrer en Europe qu'après cinq années continues de service.

3. Cinq années sont longues. Pour leur permettre de

supporter ce séjour prolongé, on a créé, à leur intention, de nombreux *sanatoria*, où ils sont autorisés à aller chaque année passer quelques semaines de congé à solde entière.

4. Le vice-roi des Indes, chef de toute l'administration, séjourne à Calcutta, l'hiver, c'est-à-dire de la fin d'octobre au commencement d'avril. L'été, il va à Simla, dans la montagne. Avec lui se transporte à Simla toute l'administration centrale : ses ministres, ses secrétaires, etc., etc. Ce déplacement coûte fort cher; toutefois, il conserve la santé à beaucoup de hauts fonctionnaires, et le gouvernement anglais calcule que, même en dehors de la question d'humanité, c'est encore pour lui une réelle économie.

24. — Les créoles (Élève, p. 13).

SOMMAIRE. — 1. Les habitants des colonies françaises : européens, indigènes et métis. — 2. Les diverses catégories de sang mêlé. — 3. Les créoles.

Développement. — 1. Dans presque toutes nos colonies, il y a eu au début deux populations : des colons européens et des indigènes. Les indigènes se mariaient entre eux. Quant aux colons européens, ils épousaient ou bien des européennes, ou bien des femmes de la colonie ou des pays voisins. Dans ce dernier cas, leurs enfants étaient ce qu'on appelle des *métis*. Métis veut dire : qui a *moitié* de sang européen.

2. Avoir du sang européen dans les veines passe pour un titre d'honneur. Aussi les indigènes sont-ils très fiers de leurs liens de parenté avec les blancs, et, dans la langue de toutes les colonies fondées par les Européens, on a inventé des termes techniques pour préciser à quel degré, à quelle distance de l'Européen est un homme de *sang mêlé*. C'est en espagnol que ces termes sont le plus nom-

breux et le plus précis. En français, nous connaissons les termes : *métis*, *quarteron*, *octavon* (2, 4, 8 degrés).

3. Là où existe un pareil préjugé, on comprend que ceux qui sont de race pure en soient tout enorgueillis. Ces personnes de race pure, descendants des premiers fondateurs de la colonie, sont ce qu'on appelle en français des *créoles*. Les créoles sont demeurés célèbres parmi nous pour leur indolence. Mais il convient de louer leur bonne éducation, leur urbanité et leur intelligence. Beaucoup de noms célèbres dans notre histoire sont portés par des créoles. L'impératrice Joséphine, femme de Napoléon Ier, était une créole. Avant de devenir la femme du général de Beauharnais, elle s'appelait Mlle Tascher de la Pagerie et était née à la Martinique (1763).

25. — L'empire d'Annam : Annamites et Tonkinois

(Élève, p. 16).

SOMMAIRE. — 1. L'empire d'Annam : ses deux grandes provinces originaires. — 2. Une troisième province conquise : le Tonkin. — 3. Annamites et Tonkinois : unité ou dualité de races.

Développement. — 1. L'empire d'Annam ne comprenait à l'origine que deux grandes provinces : l'Annam proprement dit, dont la capitale est Hué, et qu'on appelait quelquefois Haute-Cochinchine, et la Cochinchine, qu'on appelait Basse-Cochinchine, dont la capitale est Saïgon.

2. Plus tard, à la fin du dix-huitième siècle, sous un empereur demeuré célèbre, Gia-Long, les Annamites firent la conquête d'une province dépendant des Chinois, le Tonkin, situé au nord de l'Annam. L'empire annamite alors se trouva composé de trois provinces : Basse et Haute-Cochinchine, Tonkin.

3. Les Annamites de Haute et Basse-Cochinchine avaient une même origine, étaient un même peuple; cela ne fait aucun doute. Mais les Tonkinois, entrés après eux dans l'empire, étaient-ils d'une origine différente? Il est important de le savoir. Voici pourquoi : la France aujourd'hui possède l'Annam et le Tonkin; doit-elle gouverner les Tonkinois comme elle gouverne les Annamites? Est-ce une seule et même race, un seul et même peuple?

Au point de vue ethnographique, il est probable que Annamites et Tonkinois sont d'une même race. Mais, au point de vue politique, les Tonkinois sont peut-être un autre peuple. Conquis et maltraités par les Annamites, ils ne les aiment pas. C'est comme les Alsaciens, qui, tout en appartenant à la même race que les Allemands, les redoutent et les détestent depuis la brutale annexion de 1871. Cette remarque peut être utile pour le gouvernement du Tonkin.

26. — Kabyles et Arabes (Élève, p. 16).

SOMMAIRE. — 1. La population indigène de l'Algérie n'est pas homogène. — 2. Une race autochtone et plusieurs races conquérantes. — 3. Arabes et Kabyles.

Développement. — 1. Celui qui parcourt l'Algérie s'aperçoit bientôt que les habitants indigènes qu'il rencontre n'ont pas tous les mêmes habitudes, ne mènent pas tous la même vie. Dans une même province, dans la province de Constantine, par exemple, s'il arrive par mer, il voit d'abord des villages nombreux, bâtis au flanc des monts, et une population laborieuse et dense; puis, à mesure qu'il s'éloigne de la mer, il rencontre, dans la plaine, une population plus clairsemée et des villages plus rares. Les habitants eux-mêmes diffèrent entre eux autant que les régions : les premiers sont des Berbères ou Kabyles, les seconds des Arabes.

2. Beaucoup de races ont traversé l'Algérie et y ont laissé leurs traces. Il y a eu d'abord les premiers habitants, qu'on appelait les Berbères. Puis sont venus les conquérants romains ; puis, à la chute de l'Empire romain, les conquérants barbares : Lombards et Wisigoths; puis enfin, sous la conduite des héritiers de Mahomet, les Arabes.

3. Les premiers habitants, les Berbères, effrayés par tant d'invasions, ont fini par se réfugier dans les montagnes de la Kabylie, où les Arabes ne les ont pas poursuivis. Pendant des siècles, la montagne a été aux Berbères ou, comme on les appelle, aux Kabyles, et la plaine aux Arabes. Il y a bien quelques Arabes dans la montagne et quelques Berbères dans la plaine; mais c'est l'exception. Le Kabyle a un champ à lui, sa maison à lui et vit dans sa famille. L'Arabe vit dans la tribu ; sa maison souvent n'est qu'une tente, et les champs qu'il cultive sont ceux de la tribu.

Les mêmes règles de gouvernement et d'administration ne sauraient convenir aux Kabyles et aux Arabes.

27. — Les musulmans. — La guerre sainte
(Élève, p. 19).

SOMMAIRE. — 1. Ce qu'on appelle musulmans. — 2. Leur haine contre les chrétiens. — 3. La guerre sainte. — 4. L'Algérie et les fettouah.

Développement. — 1. On appelle musulmans ceux qui suivent la religion de Mahomet. Le mot musulman vient de *Moslem*, qui signifie *vrai-croyant*.

2. Mahomet ne niait pas le Dieu des chrétiens. Au

contraire, il prétendait être son prophète. Aussi ses disciples considérèrent comme un devoir pieux de s'emparer des lieux saints et du tombeau du Christ. Les chrétiens indignés voulurent les reconquérir : ce fut l'origine et la cause des croisades. Pendant des siècles, chrétiens et musulmans se trouvèrent face à face sur les champs de bataille et apprirent à se détester.

3. La religion chrétienne ordonne le pardon des injures. Mais la religion musulmane autorise et approuve la vengeance. En conséquence, les musulmans, encouragés par leurs chefs religieux, vouèrent haine aux chrétiens et leur firent une guerre acharnée. La guerre contre les chrétiens est sainte. Le Coran, livre saint des Mahométans, qui est en même temps leur Code, la recommande. Tout ce qui est dirigé contre les chrétiens est approuvé par Mahomet et agréable à Dieu.

4. Quand la France entreprit la conquête de l'Algérie, les Arabes, se conformant aux préceptes de leur religion, lui firent une longue résistance; même battus, ils continuèrent à résister. Les embuscades, les trahisons, tout fut mis en œuvre : c'était la guerre sainte.

Pour la faire cesser, un grand général français, le maréchal Bugeaud, imagina de s'adresser aux plus hautes autorités religieuses de l'Islam, aux prêtres de Kairouan en Tunisie et de la Mecque en Arabie, et il obtint d'eux une décision publique (un *fettouah*) qui proclamait qu'à la vérité la lutte contre les chrétiens était une œuvre pieuse, mais que, quand cette lutte était décidément sans espoir, même un bon musulman pouvait en conscience se soumettre au vainqueur.

Ce *fettouah* exerça une réelle influence sur la pacification de l'Algérie. Il serait possible, par des procédés de même ordre, d'agir sur l'esprit des musulmans pour modifier à la longue celles de leurs coutumes qui répugnent à la civilisation de l'Occident.

28. — L'éducation des indigènes : le rôle du gouvernement (Élève, p. 19).

SOMMAIRE. — 1. L'éducation des indigènes. — 2. La persuasion. — 3. L'action du gouvernement et l'action des colons. — 4. L'éducation lente par les principes. — 5. Exemple : le respect de la vie humaine.

Développement. — 1. Quand une nation européenne a fait la conquête d'une de ces nations d'Afrique ou d'Asie totalement étrangère à notre civilisation, comme les Tonkinois, par exemple, ou les Hindous, elle a le devoir, tout en respectant ce qu'il y a de bon dans leur civilisation, de leur inculquer ce qu'il y a de meilleur dans la nôtre.

2. Le bon sens et l'expérience prouvent qu'elle n'y arriverait pas par la violence : elle ne peut quelque chose que par la persuasion et la douceur.

3. Le gouvernement et les colons doivent travailler à atteindre ce but, chacun de son côté et chacun par ses moyens propres : les colons, par les exemples qu'ils donnent, le gouvernement, par certains principes qu'il proclame et qu'il applique.

4. Si désireux que soit le gouvernement de respecter les lois et les coutumes des indigènes, il ne lui est pas possible de les respecter toutes : la loi du progrès même s'y oppose. Mais, au lieu de prétendre bouleverser toutes les lois et extirper toutes les coutumes, il doit s'attaquer d'abord aux pires d'entre elles, à celles que l'humanité réprouve, déclarer publiquement qu'elles lui paraissent intolérables et que désormais il en empêchera l'application, et s'efforcer en même temps de bien faire comprendre aux indigènes pourquoi il ne peut en effet les tolérer.

5. En Extrême-Orient, par exemple, la vie humaine ne compte pour rien. Au Tonkin, la loi indigène punit de mort des fautes qui nous paraissent à nous des peccadilles. Aux

Indes, quand un homme meurt, sa veuve, sous peine de déshonneur, doit se brûler sur le même bûcher que lui. Nous Occidentaux, Anglais et Français, qui avons le respect de la vie humaine, nous avons dû, dans les deux cas, déclarer que nous ne tolérerions plus dans les lois ni dans les coutumes des dispositions aussi barbares. Et, pour en empêcher l'application, nous avons tâché d'agir sur les chefs civils et sur les prêtres, et de modifier sur ces points la conscience des indigènes. C'est affaire de temps et de patience.

29. — L'éducation des indigènes : les colons
(Élève, p. 19 et 31).

SOMMAIRE. — 1. Le colon doit aller au-devant de l'indigène. — 2. Deux modes d'éducation. — 3. Éducation technique. — 4. Éducation morale.

Développement. — 1. Le colon, représentant de la civilisation occidentale, ne doit montrer à l'indigène ni orgueil ni dédain. L'indigène vaincu et dominé par nous a droit toujours à notre pitié, comme les institutions et la civilisation de son pays ont souvent droit à notre respect. Le colon sera donc accueillant et bienveillant pour l'indigène. Il ne le repoussera pas s'il veut venir à lui; si l'indigène se tient sur la réserve, le colon lui-même fera les premiers pas.

2. Il peut attirer l'indigène et le séduire à nos idées par deux moyens : en lui enseignant de notre science et de nos méthodes ce qui peut servir à l'enrichir; en lui montrant, par la pratique, la supériorité de notre morale.

3. Un bon colon doit répandre autour de lui les bons enseignements techniques, tout comme en France un bon agriculteur répand autour de lui les bonnes méthodes. Il invite les indigènes à visiter ses cultures et ses établissements; il leur révèle ses procédés, et leur fait constater ses

résultats. Si ces résultats sont satisfaisants, bientôt l'indigène les imite, et c'est ainsi que le progrès se propage.

4. Mais surtout de bons colons doivent donner à l'indigène une haute idée de leur patrie et d'eux-mêmes par leurs mœurs et par leur conduite. S'ils sont justes envers lui, équitables entre eux, respectueux de l'autorité, amis de la décence et de la bonne éducation, ils feront sur son esprit la plus salutaire impression et le convertiront peu à peu à nos idées.

30. — Les fonctionnaires des colonies (Élève, p. 19).

SOMMAIRE. — **1.** Les fonctionnaires dans les colonies ont des devoirs plus difficiles que dans la métropole. — **2.** Il importe de les choisir parmi les meilleurs. — **3.** Et de les préparer à leur tâche.

Développement. — **1.** Bien administrer est toujours difficile. C'est pourquoi les gouvernements s'attachent à choisir de bons agents. Aux colonies, bien administrer est plus difficile encore que dans la métropole. Si la colonie, outre les colons, renferme des indigènes, le fonctionnaire, pour ne pas commettre d'erreurs, doit connaître à fond leur langue, leur histoire, leurs lois, leurs coutumes. Si la colonie ne renferme que des colons, le fonctionnaire doit montrer infiniment de tact et de souplesse pour ne pas gêner dans leurs affaires ou froisser dans leurs sentiments des hommes qui ont quitté leur patrie précisément afin d'être plus libres et de s'enrichir plus vite.

2. Le gouvernement a donc le devoir de choisir les fonctionnaires de ses colonies avec plus de scrupule encore que ceux de la France continentale. Trop souvent on entend dire : voici un mauvais sujet ou un incapable; on va l'envoyer servir dans les colonies. C'est le contraire qu'il faudrait. Ces fonctionnaires des colonies, dont la tâche est si délicate, qui sont à des milliers de lieues de la métropole et qui ont de si grands pouvoirs, doivent être choisis parmi les meilleurs citoyens de la France.

3. Il ne faudrait pas croire que, pour avoir dans les colonies de bons fonctionnaires, il suffirait d'y envoyer les meilleurs agents de l'administration continentale. Le même homme peut être un excellent fonctionnaire en France et en être un fort médiocre aux colonies. La solution de ce problème difficile est de n'accepter pour fonctionnaires que des hommes honorables et vigoureux, de les préparer par des études spéciales à la tâche qui les attend, de les soumettre à des examens sérieux et enfin de les astreindre dans la colonie à un stage sous les ordres d'un fonctionnaire de mérite. Moyennant ces précautions, si d'ailleurs on leur offre des positions sûres et bien payées, on aura de bons agents.

31. — La justice (Élève, p. 18).

SOMMAIRE. — 1. La notion de justice parmi les hommes. — 2. La justice parmi les indigènes. — 3. Organisation de la justice.

Développement. — 1. Le besoin de justice existe parmi les hommes. L'enfant, dès sa jeunesse, sait distinguer ce qui est juste de ce qui ne l'est pas. L'homme, chez tous les peuples, lutte pour l'avènement et le triomphe de la justice.

2. Nulle part ce besoin n'est plus grand que parmi les peuples peu civilisés. Habitués à supporter tous les caprices de ceux qui les gouvernent, ils soupirent après une règle juste et équitable, et le plus sûr moyen, dans les colonies, de se faire estimer et aimer des indigènes, est non pas de se montrer faibles ou de leur témoigner une rigueur impitoyable, mais de leur rendre en toute occasion une justice exacte.

3. Suivant les circonstances et les lieux, on fera varier l'organisation de la justice. Toutefois, il y a certaines règles qui paraissent pouvoir s'appliquer partout. Généralement, les affaires qui ne concernent que les indigènes devront être jugées par leurs juges et suivant leurs lois. Celles où un Européen est intéressé en même temps qu'un indigène seront jugées par des juges européens ou par un tribunal *mixte*, c'est-à-dire composé à la fois d'Européens et d'indigènes. Quand les peines édictées par les lois indigènes sont trop sévères, le gouvernement pourra intervenir pour adoucir la sentence. D'ailleurs, indigènes ou Européens, les juges devront être choisis avec le plus grand soin, parmi les hommes les plus honorables, les plus instruits et les plus judicieux.

32. — L'armée coloniale : les turcos de Wissembourg
(Élève, p. 19 et 20).

SOMMAIRE. — **1.** La guerre et la police dans les colonies. — **2.** L'armée continentale ne convient pas pour cette besogne. — **3.** L'armée coloniale : les Français et les indigènes. — **4.** Les indigènes bien commandés sont d'excellentes troupes.

Développement. — **1.** Dans les colonies, les troupes ont un double rôle : 1° défendre la colonie contre l'étranger, au besoin en allant l'attaquer sur son territoire, pour prévenir les oppressions; 2° assurer la sécurité intérieure. Dans les deux cas, les ennemis qu'elles rencontreront sont le plus souvent des indigènes, ordinairement peu redoutables et contre lesquels il n'est pas besoin de troupes aussi solides que celles de l'armée métropolitaine.

2. Les troupes de l'armée métropolitaine seraient même impropres pour cette besogne. Elles sont composées de jeunes gens que les climats des tropiques éprouveraient et décimeraient.

3. Il faut aux colonies une armée spéciale composée de

deux éléments : 1° des Français d'un âge plus avancé que
nos soldats de France, de 25 à 35 ans, par exemple et, en
conséquence, plus solides et plus résistants; 2° des indigènes de la colonie, encadrés et commandés par des
Français.

4. Ces troupes indigènes sont excellentes. Non seulement
elles ont l'habitude du climat et la connaissance du pays,
mais encore elles montrent un courage et une fidélité iné-
branlables. Les tirailleurs tonkinois se sont, en 1884, admirablement battus contre les Chinois; quant aux Turcos
d'Algérie, ils ont montré la plus héroïque intrépidité dans
la guerre de 1870 et notamment à Wissembourg.

33. — Le colon agriculteur (Élève, p. 27 et 28).

SOMMAIRE. — **1.** Le rôle de l'indigène et le rôle du colon. —
2. Les cultures riches. — **3.** Les concessions. — **4.** Le capital
nécessaire.

Développement. — **1.** Nos principales colonies renferment une population indigène. Les indigènes presque
tous savent cultiver la terre. Ils font, depuis des siècles, les
mêmes cultures et les font bien. En Algérie, les Arabes
cultivent le blé; au Tonkin, les Annamites cultivent le riz.
Les colons, s'ils veulent faire fortune, doivent, outre ces cultures indigènes, faire d'autres genres de cultures, ce qu'on
appelle les cultures riches.

Ces cultures riches, ce sont, par exemple, au Tonkin : le
café, le thé, le quinquina, le pavot à opium.

2. On les appelle cultures riches pour deux raisons :
d'abord elles exigent plus de dépenses que les autres; un
hectare planté en caféiers ou en arbres à thé représente
une dépense beaucoup plus élevée qu'un hectare planté en
riz. Mais aussi il rapporte infiniment plus, et c'est la seconde
raison pour laquelle on dit que ce sont là des cultures riches.

3. Il ne faut pas toutefois exagérer la dépense ni le capital nécessaire à un colon pour entreprendre ces cultures riches. La terre ne lui coûte pas cher : la plupart des colonies la *concèdent* gratuitement au colon ; d'autres la vendent ou la louent à très bon marché.

4. On estime qu'un homme qui aurait une somme variant de 10 à 50 000 francs pourrait entreprendre au Tonkin, en Nouvelle-Calédonie, à Tahiti, les cultures riches et, au bout d'un certain nombre d'années, avoir gagné une aisance, peut-être même une fortune.

34. — Le caoutchouc (Élève, p. 23).

SOMMAIRE. — 1. Où on trouve le caoutchouc. — 2. Comment on se le procure. — 3. Les usages. — 4. Nécessité de cultiver les végétaux qui le produisent.

Développement. — 1. Le caoutchouc est produit par plusieurs végétaux assez différents d'aspect. En Asie, c'est un arbre magnifique, dont nous voyons souvent des échantillons rabougris parmi nos plantes d'appartement. En Amérique (région de l'Amazone), et en Afrique, notamment dans les immenses bassins du Niger et du Congo, c'est une liane.

2. Ceux qui ont vu, dans les Landes ou ailleurs, retirer la résine des pins, peuvent imaginer comment on se procure le caoutchouc. On fait sur l'arbre une incision par laquelle s'échappe un suc blanchâtre, qu'on recueille et qu'on fait ensuite bouillir avec certaines substances. On envoie alors ce suc en Europe pour y être traité dans de grandes usines.

3. Le caoutchouc a de très nombreux usages : on en fait des tapis, des vêtements, des tubes, etc. Chaque jour on en fait des emplois nouveaux : les tubes pour bicyclettes, les bandages pour roues de voitures légères, etc.

4. Aussi, dans les pays où on le trouve, les indigènes, pour s'en procurer davantage, exploitent les arbres et les lianes sans aucune précaution, et les épuisent. L'arbre à

caoutchouc s'appelle *India ficus*, figuier de l'Inde. Or, dans l'Inde, on n'en trouve plus guère que dans les jardins botaniques : tout a été sacrifié par une exploitation maladroite et imprudente. Il importe, si l'on veut ne pas manquer de caoutchouc, de planter promptement des arbres et des lianes qui le fournissent et de les exploiter désormais d'une façon scientifique, qui permette d'extraire le suc sans tuer la plante.

35. — L'ivoire (Élève, p. 23).

SOMMAIRE. — 1. Différentes sortes d'ivoire. — 2. L'ivoire d'éléphant; comment on se le procure. — 3. Le prix de l'ivoire. — 4. Les marchés de l'ivoire.

Développement. — 1. L'ivoire est une substance dont tout le monde connaît la couleur et l'origine. Elle est fournie principalement par les défenses de l'éléphant. L'ivoire d'éléphant est le plus beau et le plus cher. Il y a aussi l'ivoire d'hippopotame et l'ivoire de morse.

2. On a trouvé, dans certains pays, de l'ivoire fossile. Les éléphants, très communs dans les premiers âges du monde, furent sans doute ensevelis en grand nombre dans les convulsions de la période glaciaire. Mais l'ivoire le plus abondant et le plus estimé est l'ivoire pris sur l'éléphant qu'on vient de tuer. Dans les pays où vit l'éléphant, les indigènes sont extrêmement habiles à s'emparer de cet animal. Ils le font tomber dans des pièges ou encore, avec un sabre bien affilé, ils lui coupent l'un des pieds de derrière.

3. L'ivoire, autrefois, était fort rare et par conséquent fort cher. Mais depuis que le centre de l'Afrique a été exploré et occupé par les Européens, le nombre des éléphants tués est si considérable que le prix de l'ivoire a énormément baissé. En 1885, le kilogramme d'ivoire valait 25 à 28 francs; aujourd'hui, à peine vaut-il une quinzaine de francs.

4. L'ivoire arrive en Europe par mer. En un temps, on l'exportait d'Afrique principalement à Dieppe. Et c'est ce qui explique pourquoi il existe à Dieppe des fabriques d'objets en ivoire. Aujourd'hui, les grands marchés de l'ivoire sont à Londres, à Hambourg et à Anvers. Dans cette dernière ville, en 1894, il s'en est vendu plus d'un million de kilogrammes.

36. — Une factorerie (Élève, p. 24)

Sommaire. — **1.** Dans quelles colonies on rencontre des factoreries. — **2.** Origine probable de ce mot. — **3.** Ce qu'est une factorerie.

Développement. — 1. Ceux qui ont lu les romans de F. Cooper ou les récits de voyage en Afrique savent que les factoreries se rencontrent dans les colonies les moins avancées : par exemple dans les parties les plus reculées du Canada ou encore dans nos colonies d'Afrique, le Soudan et le Congo.

2. On n'est pas d'accord sur l'étymologie de ce mot factorerie. C'est un mot déjà vieux, qu'on trouve à chaque pas dans notre ancienne langue coloniale et qu'on retrouve aussi en anglais (*factory*). Il est probable que cela veut dire : lieu d'échanges. Le mot facteur, d'où dérive évidemment le mot factorerie, signifie intermédiaire : exemple, les facteurs de la poste, et surtout les facteurs aux halles, chargés de servir d'intermédiaires entre ceux qui envoient aux halles leurs produits pour y être vendus et ceux qui viennent pour les y acheter.

3. Une factorerie est, suivant son importance, soit une simple cabane, soit une ensemble de constructions, où se trouvent à la fois l'habitation et le magasin. C'est là qu'on rassemble les récoltes, les marchandises achetées aux indigènes et celles qu'on a apportées d'Europe pour faire les échanges avec eux. Une factorerie, si elle est considérable, sera habitée par plusieurs Européens, ayant chacun leur rôle, tandis que, si elle est peu importante, elle ne comportera qu'un seul indigène, qui fera tout.

37. — Les étoffes pour nègres : les guinées
(Élève, p. 24).

SOMMAIRE. — **1**. Les nègres avant la venue des Européens **ne** s'habillaient pas. — **2** L'usage des étoffes depuis la venue des Européens. — **3**. Étoffes spéciales pour les nègres. — **4**. Les guinées ; leur rôle.

Développement. — **1**. Autrefois, avant de connaître les Européens, les nègres allaient tous nus. Cela ne les gênait guère : leur pays est chaud et le plus ou le moins de vêtements est une question d'habitude.

2. Aujourd'hui, ils s'habillent, soit par esprit d'imitation, soit par suite d'ordres qui leur ont été donnés. Leurs vêtements ne consistent guère qu'en ceci : une pièce d'étoffe, nullement ajustée, qu'ils enroulent autour de leur corps. Ce sont surtout les femmes qui portent ces étoffes. Les hommes ordinairement s'en dispensent. Mais quand ils sont morts, pour leur faire honneur, on les roule dans trois ou quatre pièces d'étoffes ; aussi dit-on : nègre mort est plus habillé que vivant.

3. Les étoffes qu'il leur faut ne sont pas les nôtres. Ils veulent des étoffes voyantes et criardes, et à très bon marché. Les Anglais s'entendent à fabriquer cette camelote. Nos industriels français, qui ne veulent livrer que du bon et du solide, ne réussissent pas aussi bien auprès des nègres.

4. Parmi les étoffes en usage chez les nègres, il faut citer les guinées. Ce sont des pièces d'étoffe de coton bleu. Elles sont d'un usage si courant en Afrique, que dans certaines de nos colonies, elles jouent le rôle de monnaie et que l'administration les accepte pour le paiement des impôts. Les Français fabriquent bien les guinées. Depuis que les nègres ont constaté que nos guinées résistent mieux à la pluie et au lavage que les guinées anglaises, ce sont les nôtres qu'ils préfèrent.

38. — Le café (Élève, p. 28).

SOMMAIRE. — 1. Dans quelles colonies françaises on peut faire du café. — 2. La culture. — 3. Les frais. — Les profits.

Développement. — 1. Le café, produit d'un arbuste qu'on appelle le caféier, se récolte depuis longtemps dans nos Antilles, à la Martinique surtout, et à la Réunion. Depuis quelques années, on en a fait au Tonkin des essais qui ont parfaitement réussi et il y a, en Nouvelle-Calédonie, à Madagascar et sur la côte d'Ivoire, des caféries en plein rapport.

2. Le caféier exige des terres de qualité spéciale à flanc de coteau. On en peut planter jusqu'à 2 000 par hectare. L'arbuste qui a besoin d'être protégé dans les premiers temps, par exemple, par des plantations de bananiers, entre en plein développement à partir de la cinquième année.

3. On calcule que pour établir une caférie, il faut dépenser environ 3 000 francs par hectare. De plus, les frais de culture annuelle peuvent s'élever de 800 à 1 000 francs.

4. Un caféier, en plein rapport, donne de 300 à 500 grammes de café. Le café se vend sur place à peu près 2 fr. 50 le kilogramme. Un hectare planté en caféiers rapporte donc 1 500 francs, soit, frais déduits, 500 francs net. Et l'on estime que c'est là un minimum.

39. — La Tunisie (Élève, p. 25).

SOMMAIRE. — 1. Situation et étendue de la Tunisie. — 2. Son climat. — 3. Ce que le colon peut y entreprendre. — 4. Le capital nécessaire.

Développement. — 1. La Tunisie est située sur les bords de la Méditerranée, qui la baigne de deux côtés;

elle est contiguë à l'Algérie, à laquelle la relient des lignes de chemin de fer et des bateaux à vapeur.

2. Le climat n'est pas le même dans toute l'étendue de la Tunisie. La partie méridionale, qui touche au désert, est chaude, mais le Nord et l'Est, baignés par la mer, sont d'une température très acceptable. A Tunis (37 degrés de latitude nord), le thermomètre marque 12 degrés en hiver et 26 en été.

3. La population de la Tunisie dépasse 1 500 000 habitants, dont 1 450 000 indigènes. Elle peut donc fournir au colon européen une main-d'œuvre abondante et relativement à bon marché. Grâce à cette main-d'œuvre, on a pu y développer la culture de la vigne. Les entreprises les plus profitables semblent devoir être la culture des céréales, l'élevage du bœuf et du mouton, et, comme placement d'avenir, la plantation de l'olivier.

4. Pour ces entreprises, le colon, naturellement, a besoin d'un certain capital. Le chiffre en varie avec l'importance des entreprises. Pour la mise en valeur d'un grand domaine, il faut des centaines de mille francs, mais pour une ferme de médiocre étendue (30 hectares environ), 15 000 francs seraient suffisants.

40. — La Nouvelle-Calédonie (Élève, p. 26).

SOMMAIRE. — **1.** Situation géographique de la Nouvelle-Calédonie. — **2.** Excellence de son climat pour le colon européen. — **3.** Ses produits. — **4.** État présent de la colonie.

Développement. — **1.** La Nouvelle-Calédonie est située dans l'océan Pacifique, à l'ouest de la grande île de l'Australie, entre le 22ᵉ et 20ᵉ degré de latitude australe, entre le 161ᵉ et le 165ᵉ degré de longitude orientale.

2. Son climat est excellent. Il ressemble à celui du midi de la France. On compte deux saisons : la saison fraîche de mai à octobre, la saison chaude de novembre à avril. En juin et juillet, les matinées sont fraîches, presque froides :

le thermomètre marque parfois + 13. Dans la saison chaude, il ne dépasse pas 32 degrés.

3. Les principaux produits de la Nouvelle-Calédonie sont le coprah, qu'on tire du cocotier et dont on se sert pour la fabrication du savon; la banane, qui se vend comme fruit de table; le café, dont les récentes plantations ont fort bien réussi. De plus, on élève du bétail.

4. Avec tant d'avantages naturels, la Nouvelle-Calédonie devrait être en pleine prospérité. Malheureusement on l'a affectée au service pénitentiaire. On y envoie les forçats faire leur peine et, quand ils l'ont finie, on leur donne les meilleures terres de la colonie. Cela éloigne les colons libres. Pour que la Nouvelle-Calédonie prospère, il faut ou bien transporter les condamnés ailleurs, en Afrique, par exemple, au Soudan ou au Gabon, ou bien les garder en France, dans nos prisons.

41. — Les Canaques de la Nouvelle-Calédonie
(Élève, p. 26).

SOMMAIRE. — **1.** Les indigènes de la Nouvelle-Calédonie; leur nombre. — **2.** Pourquoi ils ont diminué. — **3.** Services qu'ils peuvent rendre.

Développement. — 1. Les indigènes de la Nouvelle-Calédonie se nomment les Canaques. On évalue leur nombre — car ils ne se sont jamais prêtés à un recensement — à 40 ou 45000. Ce chiffre est, dit-on, exagéré; il ne dépasserait pas 30000. Or, quand les Français ont occupé la Nouvelle-Calédonie, en 1846, les Canaques devaient être au moins 60000.

2. Cette diminution n'est pas le fait de guerres ou de destructions systématiques ordonnées par les Français. Elle est due à plusieurs autres causes : les Canaques boivent trop d'alcool, malgré toutes les défenses qu'on leur fait; ils sont sujets à des maladies terribles qu'ils ne savent pas et ne veulent pas laisser soigner; même les maladies bénignes leur sont fatales par suite de leur ignorance : quands ils ont la rougeole, par exemple, et souffrent de la chaleur que l'éruption leur cause, ils vont se baigner et meurent de ce traitement absurde ; enfin, les vêtements qu'on les astreint à porter quand ils viennent dans les villes et qu'ils quittent, à peine rentrés chez eux, leur occasionnent des refroidissements. On sait aussi que depuis l'occupation française, beaucoup de mères canaques tuent leurs nouveau-nés.

3. Les Canaques sont intelligents, mais peu laborieux. On prétend qu'ils le seraient davantage si l'on payait toujours leurs services ce qu'ils valent ou même ce qu'on leur a promis. L'intérêt de la colonie est de les traiter avec équité et même avec bonté. Les colons doivent se montrer envers eux justes et bienveillants, mais non pas familiers.

42. — La transportation (Élève, p. 26 et 27).

SOMMAIRE. — 1. Définition de la transportation. — 2. Expérience de la transportation en Australie. — 3. Imitation de ce système par la France. — 4. Pourquoi il n'a pas réussi.

Développement.—1. La transportation est un système de punition en vertu duquel les tribunaux condamnent certains criminels à être transportés hors de France, dans un pays lointain, pour y résider pendant toute la durée de leur peine.

2. Ce système a été appliqué par les Anglais dès le temps de la reine Élisabeth, mais surtout au commencement du dix-neuvième siècle, où l'on transporta les *convicts* dans les colonies naissantes d'Australie.

3. La France plus tard adopta le système de la transportation. Elle y affecta deux de ses colonies : la Guyane et la Nouvelle-Calédonie.

4. Mais elle n'en a pas retiré les résultats satisfaisants qu'elle espérait. Et son échec provient d'une observation insuffisante de ce que l'Angleterre avait fait. On s'était figuré en France que l'Angleterre avait peuplé

ses colonies australiennes uniquement avec des criminels
et que ces criminels, sous l'influence de la vie libre et
indépendante et des responsabilités qu'impose l'existence
du colon, étaient devenus d'honnêtes gens et de bons
citoyens. C'était une erreur. Les Anglais avaient bien
pendant quelques années envoyé leurs criminels dans leurs
colonies, mais ces criminels s'étaient trouvés noyés dans
une foule, beaucoup plus considérable, d'émigrants libres,
parfaitement honorables, qui leur avaient donné le bon
exemple et les avaient peu à peu ramenés au bien.

43. — La main-d'œuvre aux colonies (Élève, p. 14, 22 et 26).

SOMMAIRE. — 1. Rôle de l'Européen aux colonies. — 2. Colonies peuplées et colonies sans habitants. — 3. Difficulté de se procurer de la main-d'œuvre.

Développement. — 1. L'Européen qui va aux colonies ne doit pas songer à y travailler de ses mains. Souvent le climat le lui interdit. Et, au surplus, le travail manuel n'a jamais enrichi personne. Celui qui quitte sa patrie pour les colonies ne s'y décide que dans l'espoir de faire fortune. Il faut pour cela qu'il fasse travailler les autres, se réservant le choix des méthodes et la direction.

2. Quand la colonie est peuplée d'indigènes, comme le sont l'Algérie et le Tonkin, aucune difficulté. Le colon trouve autour de lui autant de travailleurs qu'il lui en faut. Mais quand la colonie n'a jamais été peuplée ou a été dépeuplée par la guerre, le colon n'a pas de main-d'œuvre à sa disposition. Et alors il doit en chercher hors de la colonie.

3. En trouver est difficile. Il y a bien des pays qui regorgent de population inoccupée : la Chine, par exemple, et l'Inde. Mais le Chinois, qui consent volontiers à travailler chez les autres, ne se contente pas longtemps du métier ingrat de manouvrier : il se hâte de s'établir à son compte. Quant aux Indiens, l'Angleterre, qui les emploie

en si grand nombre dans ses propres colonies, fait mille difficultés pour leur permettre de s'employer dans les colonies des autres. Et, pour le dire en passant, cette facilité qu'elle a de trouver dans les Indes une main-d'œuvre abondante pour ses colonies, pendant que les autres nations en sont privées, est peut-être une des raisons qui l'ont poussée, il y a cinquante ans, à réclamer si vivement l'abolition de l'esclavage et la suppression de la traite.

44. — Le riz (Élève, p. 27).

SOMMAIRE. — **1.** Dans quel pays vient le riz. — **2.** Habileté des peuples d'Orient à le cultiver. — **3.** Commerce du riz.

Développement. — **1.** Le riz est une céréale qui vient dans les pays où l'on a à la fois de l'eau et de la chaleur. On en récolte d'excellent en Espagne et en Italie. Mais la région du riz par excellence est l'Extrême-Orient : en Birmanie, en Cochinchine, au Tonkin, presque tout le bas pays est couvert de rizières, qui sont la fortune de ces contrées.

2. C'est évidemment dans les pays bas, le long des cours d'eau, dans les *deltas* des fleuves, que s'est développée la culture du riz. Mais les indigènes, qui savent qu'il ne lui faut que de l'eau et du soleil pour prospérer, se sont ingéniés à amener l'eau jusqu'au flanc, presque jusqu'au sommet des montagnes. Soit avec des roues hydrauliques, soit simplement à la main, avec des seaux, ils ont su faire monter l'eau à des hauteurs que la disposition des lieux condamnait à en manquer et établir des rizières à des milliers de mètres d'altitude.

3. Le riz est la base essentielle de l'alimentation des peuples de Chine, d'Indo-Chine et même d'une partie de l'Inde. En Europe, il est employé également dans l'industrie : dans la fabrication de l'amidon, des fécules, etc. Aussi est-il la richesse des pays qui le cultivent et donne-t-il lieu à un immense commerce.

48. — Le fleuve Rouge; le Delta (Élève, p. 27).

SOMMAIRE. — 1. Le fleuve Rouge, le Delta, le Haut-Fleuve. — 2. Ce que c'est qu'un delta. — 3. La route commerciale vers la Chine.

Développement. — 1. Le fleuve Rouge, qui traverse le Tonkin depuis la mer de Chine jusqu'à la frontière de la province chinoise du Yunnan, offre un double caractère, joue un double rôle dans la vie économique du Tonkin : il faut, pour en apprécier l'importance, envisager le Delta et le haut pays.

2. Voici ce que c'est qu'un delta. C'est un territoire limité par la mer et ayant la forme de la lettre grecque appelée delta et représentée par le signe Δ. Le fleuve descend des montagnes par des pentes rapides, entraînant avec lui des matières, pierres, terre, vase, etc., qu'il dépose au bord de la mer. Avec les années, avec les siècles, cet amas s'augmente, s'élève, s'élargit et s'allonge, refoule la mer devant lui et, derrière lui, divise le cours du fleuve, qui s'écoule alors par deux branches, enfermant entre elles un territoire triangulaire. Dans le delta ainsi formé, le sol est bas, facilement irrigable, mou, extrêmement fertile : témoins le delta du Nil, celui du Gange, celui du Tonkin; sur ces deltas s'agglomère une population innombrable. C'est le cas du delta du Tonkin.

3. Le Haut-Fleuve, d'après ce qui précède, doit avoir et a, en effet, une forte pente. Son cours est pressé, coupé de rapides (obstacles formés par des agglomérations de pierres) et, pendant toute la saison sèche, la hauteur de l'eau y est médiocre. Cependant, avec des bateaux de forme spéciale, ayant un faible tirant d'eau, on parvient à le remonter régulièrement pendant neuf mois de l'année. Ainsi le fleuve Rouge rend bien le service qu'on en attendait : il fournit une route courte et facile vers le Yunnan. Néanmoins quand le Tonkin sera plus riche et le commerce plus considérable, il sera bon, à côté du fleuve, de construire un chemin de fer.

46. — Le thé (Élève, p. 28).

SOMMAIRE. — 1. Pays où il croît. — 2. Son importance en Chine. — 3. Le thé à Ceylan. — 4. Consommation et commerce du thé.

Développement. — 1. Le thé croît dans les pays chauds, légèrement humides, à une hauteur modérée. On le rencontre dans certaines de nos îles, à la Réunion, par exemple, et dans notre Indo-Chine, mais surtout en Chine, dans l'Inde et dans l'île de Ceylan.

2. En Chine, la culture du thé a une importance énorme. Des millions de personnes y sont occupées. Il y a des crus de thé, comme il y a chez nous des crus de vin. De plus, les Chinois sont particulièrement habiles à lui donner certaines façons, selon le goût du consommateur. Les Anglais préfèrent le thé noir; les Russes le veulent aggloméré en des espèces de briques.

3. Pendant longtemps, les Chinois ont eu le monopole de la culture du thé. Mais, depuis environ trente ans, les Anglais établis aux Indes et dans l'île de Ceylan se sont mis à leur tour à le cultiver en grand. Ils y ont employé des capitaux énormes et appliqué des méthodes plus scientifiques: aussi ont-ils fait aux Chinois une concurrence préjudiciable. Toutefois le thé de Ceylan a un goût particulier qui, de l'avis des amateurs, le rend inférieur à celui de Chine.

4. La consommation du thé est énorme. Sans parler de la Chine et de l'Extrême-Orient, en Angleterre, en Russie, dans les pays scandinaves, en Amérique, il s'en consomme des centaines de millions de kilogrammes. Le commerce du thé dans le monde représente plus d'un milliard de francs.

47. — L'opium (Élève, p. 28).

SOMMAIRE. — 1. D'où l'on tire l'opium. — 2. Son emploi. — 3. La guerre de l'opium. — 4. L'opium en Indo-Chine.

Développement. — 1. L'opium est une substance pharmaceutique qui se tire d'un certain pavot qui pousse dans les régions tropicales : aux Indes, en Chine, en Indo-Chine.

2. L'opium a la propriété de faire dormir. Les médecins en ordonnent aux personnes privées de sommeil. On s'en sert aussi contre certaines maladies des intestins. Mais, en Extrême-Orient, les indigènes en font un autre usage. Ils le fument en boulettes minuscules, dans des pipes de forme particulière. L'usage modéré de l'opium fumé n'aurait pas d'inconvénients ; mais eux le fument jusqu'à perdre la santé et la raison.

3. L'opium se vend très cher. Les Anglais, qui en récoltent dans les Indes, savent admirablement le préparer : l'opium de Bénarès et de Patna a une grande réputation parmi les fumeurs. En 1842, le gouvernement chinois, redoutant pour ses sujets l'usage de cette drogue, résolut d'en interdire le commerce sur son territoire. Mais les Anglais, que cette décision allait priver de gros bénéfices, firent la guerre à la Chine pour la contraindre à en permettre l'entrée et la consommation. Cette guerre si injuste fut ce qu'on appela la guerre de l'opium.

4. La France est très intéressée par cette question de l'opium. Ses sujets d'Indo-Chine en fument. A Saïgon, existe une *bouillerie* où on le prépare fort bien. Jusqu'ici on achète l'opium brut aux Indes, mais déjà on a commencé à le cultiver au Tonkin et bientôt la bouillerie de Saïgon s'approvisionnera uniquement en terre française.

48. — Le sel (Élève, p. 24).

SOMMAIRE. — 1. Utilité du sel. — 2. Son importance dans certains pays. — 3. Le sel aggloméré.

Développement. — 1. Le sel est un condiment indispensable. En France où il est si commun, nous n'en apprécions pas tout le bienfait. Mais ceux qui par hasard en ont été privés ont déclaré que rien ne leur a manqué davantage. Les voyageurs préféreraient se passer de pain plutôt que de sel. Quand le sel fait défaut, ils essaient de le remplacer en saupoudrant leurs aliments avec la cendre du feu.

2. Le sel se trouve dans les mines ; il existe aussi dans l'eau de mer et on le recueille en faisant évaporer cette eau. Dans les pays qui n'ont la ressource ni des mines ni du voisinage d'une eau à forte salure, le sel atteint des prix considérables. En Afrique, par exemple, on transporte jusque dans l'intérieur et l'on vend au poids de l'or du sel qu'on fait venir de Liverpool, de Hambourg, de Marseille.

3. Comme le sel à l'état de cristaux naturels risque de s'avarier sous l'influence de l'humidité et est d'un transport peu facile, on a imaginé, en vue de ces pays, de faire ce qu'on appelle du sel aggloméré. On fait fondre le sel et on le coule dans des moules où, sous une forte compression, on lui donne la forme de cylindres aplatis, par exemple d'un petit fromage de Gruyère. Ce cylindre présente alors l'aspect d'un bloc de verre dépoli ; les variations de température ont sur lui peu d'action et l'emballage en est très simplifié.

49. — La vie aux colonies (Élève, p. 31).

SOMMAIRE. — 1. La colonie n'a pas tous les agréments de la métropole. — 2. Plus de liberté. -- 3. Plaisirs et distractions. — 4. La vie plus large.

Développement. — 1. Il ne faut pas s'attendre à retrouver dans les colonies tout ce qu'on avait dans la métropole. Là, pas de musées, pas de beaux monuments, pas toujours de théâtres. La société elle-même est moins distinguée et moins instruite. Les colons sont venus là pour faire fortune : ils s'occupent de leurs affaires avant tout.

2. Mais leur vie est peut-être plus agréable, moins gênée par les conventions sociales, moins guindée. Les colons sont secourables les uns aux autres. Jamais ils ne laissent

un de leurs semblables dans l'embarras. Nulle part plus qu'aux colonies on ne peut apprécier la solidarité humaine.

3. D'un autre côté, le climat ne permettant pas qu'on travaille sans relâche, on a un peu plus de temps pour ses plaisirs. La chasse est libre : pas de port d'armes à prendre, pas de garde champêtre à redouter. Comme l'eau, fleuve ou mer, n'est jamais loin, on canote, on prend des bains. On monte à cheval, on joue au *lawn-tennis*, jeu anglais aujourd'hui importé partout et qui est excellent pour l'hygiène.

4. Enfin, dès qu'on a gagné un peu d'argent, on se donne plus qu'en Europe un confort que le climat exige. On a une jolie maison, claire et décente, des domestiques attentifs; on reçoit ses amis, on donne, à peu de frais, des fêtes intimes. Cette vie, qui d'ici nous effraie, est si agréable, que tous ceux qui en ont une fois essayé ne désirent qu'une chose, la continuer ou la reprendre et qu'il y a peu d'exemples de colons rentrés en Europe qui n'aient pas la nostalgie des colonies.

50. — Les colons et le retour dans la métropole
(Élève, p. 34).

SOMMAIRE. — 1. Le climat des colonies et la succession des colons. — 2. Les colons de retour dans la métropole. — 3. Double profit pour la métropole.

Développement. — 1. Dans celles de nos colonies qui sont placées sous les tropiques, le colon ne peut pas songer à rester toute sa vie. Il n'est pas question pour lui de s'établir à demeure, comme on le fait en Algérie, en Tunisie, en Nouvelle-Calédonie, de s'y marier, d'y avoir des enfants qui eux-mêmes s'y établiront, et d'y rester jusqu'à sa mort, pour dormir enfin son dernier sommeil. Le colon des tropiques ne fait que passer : pendant dix ans, vingt ans, il travaille, s'ingénie, fait fortune et rentre dans sa patrie après avoir cédé ses établissements à un autre, qui fera exactement comme lui.

2. Il revient alors se fixer soit dans son village d'origine, soit dans la capitale. Dans les Pyrénées, dans les Alpes, pays d'émigration, on est tout stupéfait, parmi les populations pauvres de ces montagnes, de voir se dresser quelque élégante villa, quelque vaste maison. C'est la demeure d'un colon rentré au pays, qui jouit en paix de la fortune gagnée au loin.

A Londres, le quartier élégant du West-End renferme des centaines, des milliers d'anciens colons ayant fait fortune. A La Haye, il y a tout un quartier qu'on appelle le quartier de Java, fondé et habité en partie par des Hollandais qui se sont enrichis aux Indes néerlandaises. Enfin, quoique nous ne possédions le Tonkin que depuis quelques années, on peut déjà citer des colons rentrés au pays avec une belle aisance, quelques-uns même avec une fortune véritable.

3. C'est là une des manières dont la métropole tire profit de ses colonies. Tant que les colons sont dans la colonie, ils font venir de France des marchandises pour leur commerce ou pour leurs besoins. Et, quand ils rentrent ici, ils rapportent et dépensent parmi nous l'argent gagné dans la colonie. Il y a donc double profit pour la métropole.

51. — Les colonies nécessaires à la prospérité de la métropole (Élève, p. 34).

SOMMAIRE. — **1.** Le monde et la France d'autrefois et la France d'aujourd'hui. — **2.** La civilisation et la langue française. — **3.** La population de la France. — **4.** La soupape de sûreté. — **5.** Nécessité de coloniser.

Développement. — **1.** La France est une grande nation. Mais, dans l'état actuel du monde, elle est moins grande aujourd'hui qu'autrefois. Il y a cent ans, l'Allemagne était composée de trois cents gouvernements ; l'Italie était morcelée ; les États-Unis ne comptaient que quelques millions d'habitants ; l'Angleterre n'avait pas encore ses nombreuses colonies d'Australie, du Cap, etc. La France était donc alors la plus grande force organisée du monde civilisé.

2. Aujourd'hui les autres puissances se sont développées plus que nous. Notre territoire a été réduit par la déplorable guerre de 1870, pendant que le territoire des autres s'étendait et que plus de forces se concentraient en moins de mains. En même temps, notre population ne s'accroît plus, tandis que les autres vont toujours croissant. Nous sommes relativement moins nombreux et moins puissants qu'autrefois. Notre civilisation, notre langue sont menacées par la concurrence des autres.

3. Ce n'est pas tout. Notre population, bien qu'elle soit stationnaire, est néanmoins trop considérable pour l'étendue de notre territoire ; car avec les machines de toute sorte dont on dispose maintenant, un homme d'aujourd'hui en vaut trois d'autrefois.

4. Enfin, notre société, comme toute société ancienne et civilisée, renferme un certain nombre de personnes impatientes des règles imposées et qui, si on veut les maintenir dans le respect de ces règles, menacent de tout faire sauter, comme un gaz trop comprimé fait éclater le récipient.

5. Pour toutes ces raisons, il est indispensable que la France ait ses colonies. Nos colonies rétabliront l'équilibre entre la France et les autres puissances ; augmenteront le nombre des représentants de la civilisation et de la langue française ; fourniront un aliment à l'activité des Français inoccupés ; offriront une issue aux esprits en fermentation ; enfin, enrichiront la métropole tout entière.

TABLE DES RÉDACTIONS

Paris. — Imp. E. Capiomont et Cᵢᵉ, rue des Poitevins, 6.

Armand COLIN et Cⁱᵉ, Éditeurs, 5, rue de Mézières, Paris.

CHARLES DUPUY

Agrégé de l'Université,
Ancien Inspecteur d'Académie, Vice-recteur honoraire,
Ancien Ministre de l'Instruction publique, Député de la Haute-Loire.

Livrets

d'Instruction et d'Éducation

La Collection des Livrets Charles DUPUY forme
deux séries :

1° Certificat d'études ;
2° De l'École au Régiment.

CERTIFICAT D'ÉTUDES :

Livret de Morale.
Livret d'Instruction civique.
Livret d'Histoire.
Livret de Géographie.
Livret de Sciences élémentaires.
Livret de Botanique agricole.
Livret d'Économie domestique (*filles*).
Livret d'Education morale (*garçons*).
Livret d'Anti-alcoolisme.

DE L'ÉCOLE AU RÉGIMENT :

Livret d'Économie politique.
Livret de Droit usuel.
Livret de Colonisation.

Chaque Livret { *Élève*, 30 cent.
{ *Maître* (développement des rédactions), 30 cent. •

Tableau mural de Morale...................... **4 50**
Tableau mural d'Instruction civique......... **4 50**
Tableau mural d'Histoire..................... **4 50**

Paris. — Imp. E. Capiomont et Cⁱᵉ, rue des Poitevins, 6.   (Nº 4).

www.ingramcontent.com/pod-product-compliance
Lightning Source LLC
Chambersburg PA
CBHW072019290326
41934CB00009BA/2133